AF252320

Couvertúres supérieure et inférieure
manquantes

LES MONTREVEL ET LA JUSTICE

A BOURG.

CL. PERROUD.

LES MONTREVEL ET LA JUSTICE

A BOURG

AU DIX-SEPTIÈME SIÈCLE.

BOURG,
IMPRIMERIE MILLIET-BOTTIER.

1869.

LES MONTREVEL ET LA JUSTICE

A BOURG

AU DIX-SEPTIÈME SIÈCLE.

Il existe à la bibliothèque du tribunal de Bourg un gros registre manuscrit, contenant les délibérations intérieures du Présidial de Bourg, depuis sa création, en 1601, jusqu'en 1788 (1). Dans ce recueil, très-intéressant pour notre histoire locale, se trouve relaté sous forme de procès-verbaux un curieux épisode, que je vais raconter.

Il s'agit d'une querelle qui éclata entre le comte de Montrevel, lieutenant de roi en Bresse et Bugey, et le Présidial de Bourg, le 2 novembre 1652; on sortait à peine des troubles de la Fronde.

**

Avant de rapporter l'origine, les incidents et l'issue de ce démêlé, dont une troupe de comédiens fut l'occasion, je crois utile de dire quelques mots des Montrevel, du Présidial, de l'état des esprits en Bresse et particulièrement à Bourg, au moment où s'éleva la querelle.

(1) 1 vol. in-fol. de 454 pages (le verso n'étant pas numéroté, soit plus de 900 pages). — Je dois remercier ici M. Faure-Biguet, procureur impérial à Gex, qui m'a signalé et le registre et l'épisode qu'on va lire, — et M. le procureur impérial de Bourg, dont la bienveillance a mis le volume à ma disposition.

1

Vers le commencement du xvii° siècle, les Montrevel étaient très-puissants chez nous; ils avaient de tout temps entretenu de bonnes relations avec nos rois; ils s'étaient faits les hommes de la France dans notre pays, même avant la conquête. Aussi, depuis Henri IV, leur importance n'avait-elle fait que s'accroître. Claude-François de la Baume, neuvième comte de Montrevel, s'était signalé durant les guerres civiles sous Louis XIII par son attachement à la royauté. Mestre de camp du régiment de Champagne en 1619, il s'était distingué en 1620, dans l'armée royale, au combat du Pont-de-Cé; il avait été fait maréchal de camp l'année suivante, à l'ouverture de la guerre contre les protestants, et s'était fait tuer bravement, un mois après, au siége de Saint-Jean-d'Angély. Il était conseiller d'Etat du roi Louis XIII, titre alors assez commun, mais en outre il était chevalier des ordres du roi : on sait qu'il n'y avait pas, sous l'ancienne monarchie, de plus haute distinction pour la noblesse.

Son fils aîné, Ferdinand de la Baume, dixième comte de Montrevel, qui va jouer un grand rôle dans ce récit, était né en 1603. A 17 ans, il avait suivi son père à la guerre contre les protestants, avait combattu au siége de Saint-Jean-d'Angély à ses côtés et, après sa mort, avait continué la campagne, en lui succédant dans sa charge de mestre de camp. Blessé la même année au siége de Royan, il assista encore en 1628 au fameux siége de La Rochelle, puis aux guerres de Piémont (1629-1630), à la campagne de Languedoc contre Montmorency (1632), etc.

Il ne prit aucune part aux révoltes de la noblesse contre Richelieu; il en fut récompensé. En 1641, il fut nommé, sur la résignation de M. de La Motte-Houdancourt, lieutenant-général pour le roi en la haute et basse Bresse, Bugey, Valromey et Gex (provisions du 15 septembre).

Cette charge doublait la puissance des Montrevel; jusque-là, ils avaient été les plus grands seigneurs terriens de la contrée; ils y possédaient le comté de Montrevel, le marquisat de Saint-Martin-le-Châtel, les baronnies de Marboz, Foissiat et l'Abergement, les seigneuries de Bonrepos, Saint-Etienne-du-Bois, Saint-Etienne-sur-Reyssouze, Aisne et Asnières, etc..., sans parler de leurs terres en Franche-Comté, dans l'Ile-de-France, etc... En recevant le titre de lieutenant de roi dans le pays même où il avait de si nombreuses et si vastes propriétés, en y exerçant la délégation du pouvoir central, Ferdinand de la Baume devenait le véritable souverain du pays (1).

Le Présidial de Bourg avait été créé par Henri IV, après la réunion de nos provinces à la France (édit de juillet 1601). En 1652 il était composé ainsi qu'il suit : un président, un lieutenant-général civil, un lieutenant-général criminel, un lieutenant-particulier civil, un lieutenant-particulier assesseur criminel, neuf conseillers, l'un clerc et les autres laïcs, un avocat du roi, un procureur du roi et deux greffiers, l'un civil et l'autre criminel. Il comprenait dans son ressort les bailliages du Bugey et du pays de Gex (la sénéchaussée de Dombes y fut jointe après sa réunion au domaine royal, vers 1772). Il jugeait à la charge de l'appel au parlement de Dijon, dans le ressort duquel l'édit de 1601 l'avait placé, toutes les causes ordinairement attribuées aux présidiaux (tant en première instance que par appel des justices seigneuriales et ecclésiastiques). Comme tous les autres présidiaux, il jugeait sans appel, — au civil, quand la somme litige n'excédait pas

(1) La Chesnaye des Bois, *Dictionnaire de la noblesse*, t. II, art. La Baume. — Guichenon, *Histoire de Bresse*, t. Iᵉʳ p. 53-55 ; — *Tables généalogiques pour la maison de La Baume-Montrevel*, in-fol. — J. Baux, *Nobiliaire du département de l'Ain*, p. 133-139, etc.

250 livres; —au criminel, quand il s'agissait de brigandage sur les grandes routes, vols à main armée, vols avec violence et effraction, révoltes et rassemblements en armes, levées de troupes sans autorisation, crime de fausse monnaie, *attentats commis par des vagabonds* ou par des soldats en marche.

Un arrêt du Conseil d'Etat, de 1626, lui avait attribué en outre la connaissance, en dernier ressort, de toutes les difficultés concernant les impositions faites sur les ecclésiastiques. C'était le seul présidial de France investi de cette juridiction.

Voici les noms des magistrats qui composaient le Présidial, en 1632 :

Président, Etienne Bachet, écuyer, sieur de Méziriat (provisions du 13 septembre 1631). C'était un fils du célèbre académicien. — *Lieutenant-général civil*, Jean-Claude Charbonier, écuyer, seigneur de Crangeat, conseiller au parlement de Dombes; son père, lieutenant-général civil depuis 1629, lui avait résigné sa charge au mois d'août 1650.—*Lieutenant-général criminel*, Bernard Caussel, de Bourg, reçu en janvier 1639.—*Lieutenant-particulier civil*, Jean Renibert, de Bâgé, seigneur de Bouvens et de Torterel; né en 1582, pourvu de sa charge en 1608, il vécut et siégea jusqu'en 1660. — *Lieutenant-particulier assesseur criminel*, Claude Uchard, de Pont-de-Veyle, seigneur de Monspey; il exerça ses fonctions de 1632 à 1661. —*Conseillers*, Clément Vulliard, de Bourg, seigneur de Charéziat, 1630-1675. — Balthazar Edouard, de Bourg, 1645-1675 (1).—Nicolas Chevrier, de Bourg, chanoine de la collégiale, conseiller clerc, 1649-1661.—Louis Griffon, de Bourg, 1644-1670.—Jean Armet, de Couches en Bourgogne, de la religion réformée; il siégeait depuis 1629.—Antoine Regnaud, de Bourg, en fonctions depuis 1625.—François Rossan, de Treffort.—François Tardy, de Bourg, écuyer; il avait été reçu au commencement de cette année 1632.—

---

(1) Il est mentionné dans le célèbre *Noël* de Brossard de Montaney : *Noyé, noyé é venu.*

Claude Brossard, de Bourg, 1641-1667; c'est le père de l'auteur des *Noëls bressans.* — *Avocat du roi*, Pierre Brunet, seigneur de la Wrandière. Il siégeait depuis 1639. Sa femme, Anne-Marie Crollet, fut la fondatrice de la *Charité* de Bourg. — *Procureur du roi*, Charles-Emmanuel Porcet, de Bourg, 1640-1675.

Le Présidial avait sous ses ordres quatre huissiers audienciers pour le service ordinaire du siége, et six sergents à verge pour les exécutions réelles et autres affaires dans le ressort (1).

.*.

Au mois de novembre 1645, Ferdinand de la Baume vint prendre possession de son office de lieutenant de roi et fit son entrée dans la ville de Bourg. A cette occasion le Présidial se rassembla et délibéra sur la réception qu'il devait lui faire ; il prétendait n'être pas tenu, envers les lieutenants de roi, aux mêmes devoirs qu'envers les gouverneurs de Bourgogne. Il fut décidé qu'on écrirait aux autres présidiaux pour s'informer de l'usage en cette matière. (Le siége de Bourg, d'une origine assez récente (1601), s'en référait à la tradition des autres siéges, fondés un demi-siècle avant lui, 1552.) Du reste, comme le temps pressait, il fut convenu que deux membres de la Compagnie, désignés par leurs collègues, iraient recevoir le lieutenant de roi à l'entrée du Palais, sans que ce fait pût tirer à conséquence pour les cas à venir.

Ferdinand de la Baume croyait avoir droit à une réception plus solennelle. L'attitude du Présidial dut l'indisposer.

(1) Registre manuscrit du Présidial, et tables annexées. (Ces tables, contenant la liste des personnages qui se sont succédé dans chaque charge, ont été dressés vers 1784 et 1785. Elles sont fort utiles, mais parfois confuses). — Guichenon. — J. Baux, *Nobiliaire*, etc...

Survinrent les troubles de la Fronde (1648-1652). La guerre civile désola la France, il y eut deux prises d'armes en Bourgogne, mais rien n'indique que notre pays ait été mêlé directement à la lutte. Ferdinand de la Baume maintint la Bresse et le Bugey dans l'obéissance à la cause royale, le silence même des historiens en est la preuve; cette conduite, d'ailleurs, lui était tracée par son intérêt.

On sait que la Fronde peut se diviser en deux périodes principales : dans la première, le peuple et le parlement de Paris, soutenus par quelques grandes villes et plusieurs parlements de province, luttent contre la Cour, au nom de la liberté; dans la seconde, Condé et les princes s'arment, au nom de l'indépendance féodale, contre la royauté administrative. Le comte de Montrevel, naturellement hostile à la Fronde parlementaire, n'osa probablement pas se risquer dans la Fronde féodale. Il avait pourtant des liens nombreux, presque personnels, avec Condé. Son fils aîné, Charles-François, marquis de St-Martin, avait servi sous le prince comme volontaire en Catalogne (1647), en Flandre (1648), et au début même de la Fronde, sous les murs de Paris, contre le parlement révolté (1649); un parent de son fils, Jacques de Saulx-Tavannes, se battait en Bourgogne pour la Fronde féodale (siége de Seurre, 1650) (1); son frère, Charles de la Baume, était au service du roi d'Espagne, ce dernier allié de Condé rebelle (2); en outre, le prince de Condé, gouverneur de la

(1) Saint-Aulaire, *Histoire de la Fronde.*

(2) Ce personnage, plus Franc-Comtois que Bressan ou Français (il était baron de Pesmes en Franche-Comté), avait pris de bonne heure du service en Espagne. Vers 1650, il commandait aux Pays-Bas, pour le roi catholique, le régiment de Bourgogne (Franche-Comté). V. Guichenon, t. Ier, art. La Baume. Souvent désigné sous le nom de marquis de Saint-Martin, il ne doit pas être confondu avec son neveu, Charles-François, qui portait le même titre.

Bourgogne de 1616 à 1631, avait dû entretenir de bonnes relations avec Montrevel, lieutenant de roi dans une partie de la province; joignez à cela les sympathies naturelles d'un grand seigneur pour le parti des princes. Néanmoins, Ferdinand de la Baume resta fidèle. En faut-il chercher les raisons? Les rebelles n'étaient pas en force dans l'Est, où Condé n'apparut jamais; les deux révoltes de la Bourgogne furent si promptement comprimées, l'une par Vendôme, l'autre par d'Epernon, que plus d'un mécontent n'eut pas le temps de se déclarer. Pourquoi d'ailleurs Ferdinand de la Baume, docile sous Richelieu, aurait-il cessé de l'être sous Mazarin? Il avait été bien traité par la Cour, il avait tout à perdre, rien à gagner en se jetant dans les aventures. L'eût-il voulu, il eût rencontré autour de lui maint obstacle; le parlement de Bourgogne, dominé et dirigé par l'avocat-général Millotet, s'était signalé entre tous par sa vigueur contre les seigneurs factieux; le Présidial de Bourg, qui en relevait, devait s'inspirer de cet exemple et maintenir par son attitude la fidélité des populations. Les municipalités, secrètement favorables à la première Fronde, ne l'étaient point à la seconde; assurément les communes de Bresse et de Bugey n'eussent point suivi le lieutenant de roi dans une révolte.

*
* *

Au milieu du mois d'octobre 1652, la Fronde expirait; Paris ouvrait ses portes (21 octobre) au jeune Louis XIV, qui venait de proclamer dans les termes les plus hautains, devant le parlement vaincu et humilié, le droit divin de la royauté : « Toute autorité nous appartient, nous la tenons de Dieu seul, sans qu'aucune personne, de quelque condition qu'elle soit, puisse y rien prétendre (1). » Condé, avec les débris de ses bandes, tenait encore la campagne entre Paris et les Pays-Bas, se rapprochant chaque jour de la frontière; un mois

(1) Saint-Aulaire.

après, il allait quitter son écharpe isabelle pour l'écharpe rouge des Espagnols; en pleine Bourgogne, à Seurre, une poignée de rebelles tenait en échec les troupes royales et ne devait poser les armes qu'au milieu de l'année suivante; mais qu'importait la résistance d'une place isolée?

A Bourg, les esprits étaient encore un peu émus; l'orage n'avait pas éclaté sur nous, mais nous l'avions entendu gronder en Bourgogne; l'opinion était divisée, la Fronde parlementaire ou la Fronde féodale comptaient des partisans cachés; il devait y avoir des soupçons réciproques, de l'inquiétude dans l'air.

C'est à ce moment que le duc d'Epernon, qui gouvernait en Bourgogne depuis le 15 mai 1651, et l'intendant de la province, M. de la Marguerie, vinrent visiter notre ville. Jugèrent-ils ce voyage nécessaire pour raffermir quelque fidélité chancelante, ou ne faisaient-ils que parcourir la province en administrateurs? La ville les accueillit de son mieux; les syndics, Jean-François Goyffon, avocat, et Louis Julliard, bourgeois, ne trouvant pas d'argent dans la caisse municipale pour subvenir aux frais de la réception, essayèrent d'en emprunter; ils n'y purent parvenir, tant la misère était grande et la défiance générale; il leur fallut prélever les sommes nécessaires sur le fonds destiné à l'entretien des fortifications (1).

Le Présidial alla visiter le gouverneur, en corps, avec la robe et le chapeau, et l'appela *Monseigneur*. C'étaient les plus grands honneurs qu'il pût lui rendre. Quant à l'intendant, on délibéra (15 octobre 1652) sur le genre de réception qui lui était dû : on décida qu'au lieu de la robe et du chapeau on ne prendrait que le manteau long, la soutane et le bonnet; mais que, pour sa première entrée à Bourg, l'intendant serait visité en corps, c'est-à-dire par la Compagnie tout entière;

(1) **Registres des délibérations de la Maison de ville de Bourg.** (Manuscrits, aux archives de la ville).

à l'avenir il ne le serait plus que par députés (1). Cette réception rappelle celle qui avait été faite au comte de Montrevel en 1645.

Ferdinand de la Baume traita le duc d'Epernon et M. de la Marguerie d'une façon plus galante; il fit venir une troupe de comédiens, dirigée par un nommé La Motte, et procura ainsi à ses nobles visiteurs un divertissement plus rare alors qu'aujourd'hui, et plus recherché.

Le séjour du gouverneur et de l'intendant ne paraît pas avoir été long. Le 2 novembre ils avaient quitté la ville.

*
* *

Ce jour-là, 2 novembre 1652, à huit heures du matin, les gens de Bourg furent convoqués à l'Hôtel-de-ville, par les Syndics sortant de charge, Goyffon et Julliard, pour procéder au renouvellement de leurs magistrats municipaux. Bourg n'avait pas alors d'Hôtel-de-ville proprement dit; on avait consacré et approprié à cet usage une des salles de l'Hôtel-Dieu, dont les vieilles et noires constructions s'entassaient en face de l'hôtel de la Baume, résidence des Montrevel (2).

On sait comment était élu le corps municipal de Bourg, tous les trois ans, le lendemain de la Toussaint, les habitants se réunissaient à la Maison de ville, en assemblée générale, pour entendre les observations des Syndics dont les pouvoirs expiraient; puis ils se groupaient dans leurs six *gardes* ou

---

(1) Registre du présidial.

(2) L'hôtel de la Baume occupait l'espace compris entre la rue Clavagry et la rue de l'Etoile, le long de la rue Teynière. C'était un lourd bâtiment, construit en briques savoyardes, que plusieurs de nos contemporains ont encore vu debout, sombre et sinistre, avec ses ouvertures étroites et irrégulières et la teinte d'acajou queles ans lui avaient donnée. — L'Hôtel-Dieu, en face, s'étendait de la rue Vieille Charité à l'entrée de la rue de l'Etoile, ccuvrant une partie de la rue Neuve, percée depuis sur ses ruines.

2

quartiers, Teynière, Bourgmayer, Crèvecœur, les Halles, Bourgneuf et la Verchère, pour y délibérer séparément. Chacune de ces assemblées nommait dix conseillers qui formaient, par leur réunion, le conseil des Soixante, élu pour trois ans. Ces Soixante nommaient à leur tour douze conseillers annuels (deux par quartier) et les Douze choisissaient ensuite deux syndics, également annuels, chargés d'administrer la cité, — six auditeurs des comptes, sorte de commission des finances, — quatre peréquateurs ou répartiteurs, — trois recteurs de l'Hôtel-Dieu, et trois fabriciens (1).

La deuxième année, à la même date, le renouvellement du corps municipal était moins compliqué; les Soixante se réunissaient et nommaient directement les deux syndics, les douze conseillers et les autres officiers.

La troisième année on procédait de même, puis, l'année suivante, revenait l'assemblée générale, le renouvellement des Soixante, etc...

On voit en quoi les Soixante différaient essentiellement des Douze : les premiers ne prenaient, sauf les cas extraordinaires, aucune part à l'administration de la ville; c'étaient, à proprement parler, des électeurs du second degré, sur lesquels leurs concitoyens se déchargeaient du soin de nommer les officiers de la commune. Ils n'avaient qu'un mandat électoral et ne l'exerçaient qu'une fois l'an. Les Douze, au contraire, siégeaient toute l'année et assistaient les Syndics dans le gouvernement de la cité. C'était le vrai conseil de la ville.

Tel était, selon Guichenon, le mécanisme de notre organisation communale. Le registre municipal déjà cité n'est pas entièrement conforme à ces indications; il semble que dans l'assemblée du 2 novembre 1652 les Soixante aient nommé directement non-seulement les Douze, mais encore les Syndics et tous les autres officiers.

---

(1) Reg. municipal déjà cité

Ainsi, Guichenon introduit un degré de plus dans l'ensemble de nos élections triennales. Je signale cette légère contradiction aux érudits qui étudient de près nos institutions municipales.

Les Syndics, devant l'assemblée, se déclarèrent prêts à rendre leurs comptes. Ils demandèrent seulement un vote d'indemnité pour avoir appliqué à la réception du duc d'Epernon l'argent destiné aux fortifications.

Ils soumirent ensuite quelques réflexions générales à l'assistance :

« Remonstrent en outre que, comme procureurs de la communauté, ils sont obligés de donner des advis et conseils au public, qui consistent en l'amour, la crainte et la fidélité que les sujets de Sa Majesté doivent à son service, dans l'état des troubles et guerres civiles qui affligent à présent le royaume, puisque la royauté étant établie de Dieu il a donné aux rois puissance de vie et de mort et soumission de tous leurs biens, afin d'obéir aveuglément aux ordres de Sa Majesté, sans murmure ni réclamation, et pour pouvoir ensuite attirer sur ladite ville l'amour et la protection de leur souverain, et la bénédiction de Dieu, qui leur a ordonné la subjection (1). »

La théorie du droit divin est exposée ici en termes formels, presque identiques à ceux dont Louis XIV s'était servi quelques jours auparavant. Voilà où aboutit la Fronde; elle consolida non-seulement en fait, mais encore en doctrine, le pouvoir absolu. Bossuet l'a dit, dans une triomphante image: « Un travail de la France prête à enfanter le règne miraculeux de Louis (2). » La tentative commencée au cri de *Liberté*, sanctionnée un instant par la glorieuse déclaration du 24 octobre 1648, a conduit la France aux étonnantes maximes de la *Politique sacrée !*

(1) Reg. mun.
(2) Oraison funèbre de la Palatine.

Les paroles des Syndics jettent quelque jour sur l'état des esprits dans notre ville au sortir de la Fronde : relisez-les, ce n'est pas un conseil banal, une protestation de fidélité ordinaire. Pour prêcher en ces termes la docilité, la soumission aveugle aux ordres du souverain, les magistrats avaient des raisons qu'on devine. Etait-ce au parlement dompté ou à Condé vaincu qu'allaient les regrets? Etait-ce au peuple mécontent de voir disparaître cette lueur de liberté qui avait un instant charmé ses yeux, ou aux amis remuants du prince que les Syndics parlaient de résignation? On l'ignore; aux uns et aux autres peut-être. Mais la semonce est formelle, soyez sûr qu'elle n'était pas superflue.

Quatre-vingts bourgeois seulement assistaient à l'assemblée générale. Depuis le commencement du xviie siècle jusqu'à la Révolution, le goût des libertés communales alla sans cesse diminuant; les citoyens ne se souciaient plus d'exercer leurs droits municipaux. La royauté favorisait cette tendance, dont elle profitait (1). Peut-être aussi les troubles récents avaient-ils déterminé un certain nombre d'habitants à rester au logis.

Dans la liste de ces quatre-vingts bourgeois, nous rencontrons une foule de noms connus, de familles encore existantes. Il serait trop long de les relever ici. Notons seulement Daniel Guichenon, frère de l'historien; notons aussi Etienne *Aynard*, un nom que nous allons bientôt retrouver. En somme, il s'y trouvait 17 avocats, 2 médecins, 4 notaires, 12 procureurs, 2 hommes d'église, 4 greffiers, 1 receveur: les professions libérales avaient fourni la moitié des électeurs.

L'assemblée générale se sépara, les six quartiers délibérèrent à part, puis revinrent proclamer le résultat de leurs votes devant le lieutenant-général civil, Jean-Claude

(1) Aug. Thierry, v. les derniers chapitres de l'*Histoire du Tiers-Etat*. — A Bourg, en 1704, on ne trouvait personne pour exercer les fonctions de *péréquateur* (répartiteur).

Charbonier, président de l'assemblée, et en présence du châtelain de Bourg, Antoine Polliat (1). Sur les soixante conseillers élus, onze n'avaient pas pris part à l'élection. Parmi eux, il faut remarquer un personnage dont les malheurs vont nous occuper bientôt, honorable Jacques Aynard, élu par le quartier des Halles. Etienne Aynard, son parent sans doute, avait aussi été nommé dans le quartier de Bourgneuf. On verra plus loin quelles graves nécessités avaient empêché Jacques Aynard d'assister aux délibérations de cette matinée.

On procéda ensuite à la nomination des Douze, des Syndics et des autres officiers municipaux. Plusieurs de ceux qui furent élus n'avaient pas non plus été présents à l'assemblée générale, entre autres le lieutenant-particulier civil, Jean Renibert, continué dans ses fonctions de recteur de l'Hôtel-Dieu.

Le renouvellement triennal terminé, l'assemblée se sépara.

*
* *

Pendant cette même journée du 2 novembre, des scènes étranges se passèrent sur d'autres points de la ville.

On a vu qu'une troupe errante de comédiens était arrivée à Bourg quelques jours auparavant. Alors, plus encore qu'aujourd'hui, les acteurs menaient une vie nomade et aventureuse; Paris seul, à ce qu'il semble, possédait des troupes sédentaires. Dans les provinces, il n'y avait que des bandes qui, formées au hasard, dissoutes de même, n'offraient de cohésion que lorsqu'elles rencontraient un chef dont l'habileté ou le mérite savait fixer le succès, — ou un grand seigneur généreux qui les attachait à sa suite. On pourrait, avec quelque savoir et beaucoup d'imagination, ressaisir la physionomie et faire revivre les mœurs de ces hasardeuses associations. Un romancier, qui est aussi un poète, y a merveilleusemen

(1) Beau-père de Samuel Guichenon l'historien.

réussi naguère (1). Il nous a montré, dans un pittoresque récit, ses héros de théâtre promenant leur belle humeur à travers les provinces, jouant aujourd'hui dans un château devant noble compagnie, hier dans une ville aux applaudissements de la société bourgeoise, demain dans une grange avec une assistance de paysans; tantôt royalement traités et gaspillant leur richesse d'un jour, tantôt dépenaillés, trop heureux d'être payés en œufs et en poulets par de rustiques auditeurs. Il a habilement entremêlé aux incidents burlesques de cette odyssée les malheurs de la touchante Isabelle et les coquetteries de Zerline avec le glorieux comte de Bruyère. Mais pour nous représenter les comédiens qui passèrent à Bourg vers la fin de 1652, pas n'est besoin de ce moderne commentaire : les écrits du temps suffisent. A ce moment même, le fils d'un tapissier du roi, Jean-Baptiste Poquelin, courait la province (en 1653, on signale son passage à Lyon), sous un nom de guerre que son génie a consacré. Acteur, directeur, auteur, Molière était l'âme de sa troupe. Il faut relire dans ses biographes les trop rares détails qu'on a recueillis sur ses pérégrinations.

Mais s'est surtout le *Roman comique* de Scarron, publié vers la même époque, qui va me fournir d'abondants secours.

On connaît le début du *Roman comique* : De pauvres diables d'acteurs arrivent dans une ville de province, au Mans, en grotesque équipage : « il était entre cinq et six (heures du soir), quand une charrette entra dans les Halles du Mans. Cette charrette était attelée de quatre bœufs fort maigres, conduits par une jument poulinière, dont le poulain allait et venait à l'entour de la charrette, comme un petit fou qu'il était. La charrette était pleine de coffres, de malles, et de gros paquets de toiles peintes, qui faisaient une pyramide, au

_____

(1) Th. Gautier, *Le Capitaine Fracasse.* — Le crayon de notre Gustave Doré a complété la résurrection.

haut de laquelle paraissait une damoiselle, habillée moitié ville, moitié campagne. Un jeune homme, aussi pauvre d'habits que riche de mine, marchait à côté de la charrette. Il avait un grand emplâtre sur le visage, qui lui couvrait un œil et la moitié de la joue, et portait un grand fusil sur son épaule, dont il avait assassiné plusieurs pies, geais et corneilles, qui faisaient comme une bandouillère, au bas de laquelle pendaient, par les pieds, une poule et un oison, qui avaient bien l'air d'avoir été pris à la petite guerre (à la maraude). Au lieu de chapeau il n'avait qu'un bonnet de nuit, entortillé de jarretières de différentes couleurs, et cet habillement de tête était une manière de turban qui n'était encore qu'ébauché, et auquel on n'avait pas encore donné la dernière main. Son pourpoint était une casaque de grisette, ceinte d'une courroie, laquelle lui servait aussi à soutenir une épée qui était si longue qu'on ne pouvait s'en servir adroitement sans fourchette. Il portait des chausses troussées à bas d'attache, comme celles des comédiens quand ils représentent un héros de l'antiquité; et il avait, au lieu de souliers, des brodequins à l'antique, que les boues avaient gâtés jusqu'à la cheville du pied. Un vieillard, vêtu plus régulièrement, quoique très-mal, marchait à côté de lui. Il portait sur ses épaules une basse de viole, et parce qu'il se courbait un peu en marchant, on l'eût pris de loin pour une grosse tortue qui marchait sur les jambes de derrière.... (1) »

C'est ainsi que Mlle La Caverne, Destin et La Rancune firent leur entrée dans la ville du Mans; tels peut-être, ou pas trop différents (en faisant la part des imaginations bouffonnes du conteur) arrivèrent à Bourg, en octobre 1652, les comédiens mandés par Montrevel.

Ces troupes dramatiques n'étaient pas des plus nombreuses. « Nous ne sommes que sept ou huit quand notre troupe est bien forte, » dit Destin dans le *Roman comique*. Et de fait,

(1) *Roman comique*, t. 1er, ch. 1er.

Scarron ne mentionne, après ceux que nous avons cités, que Mlle de l'Étoile, Mlle Angélique, l'Olive, le valet de Destin, le portier (nous disons aujourd'hui le régisseur); j'allais oublier le poète, personnage fantasque attaché au char de quelqu'une des comédiennes (comme dans Scarron), ou rimeur affamé aux gages de la troupe.

Je ne sais si la bande de Bourg était plus forte; on ne connaît d'elle que le directeur, La Motte, deux acteurs appelés l'un Arranville, l'autre Mérard, et une comédienne que les procès-verbaux du Présidial ne nomment point, qu'ils ne font que mentionner — et en un seul endroit.

Nos aventuriers portaient l'épée, comme ceux du *Roman comique*, et n'étaient ni moins gueux, ni moins insolents.

*
* *

Continuons à parcourir les premiers chapitres de Scarron; on dirait qu'il raconte notre histoire :

« La caravane passa devant le tripot de la Biche, à la porte duquel étaient assemblés quantité des plus gros bourgeois de la ville. La nouveauté de l'attirail et le bruit de la canaille qui s'était assemblée à l'entour de la charrette furent cause que tous ces honorables bourgmestres jetèrent les yeux sur nos inconnus... » On entre en conversation, Destin décline les noms et qualités de ses compagnons, pendant que le valet du tripot échange des coups de poing avec le charretier. Mais « on apaisa la noise et la maîtresse du tripot, qui aimait la comédie plus que le sermon ni vêpres, par une générosité inouïe en une maîtresse de tripot, permit au charretier de faire manger ses bêtes tout leur saoûl... »

Qu'était-ce donc qu'un *tripot* au xviie siècle? Ce qu'au siècle suivant on appela un *jeu de paume*, c'est-à-dire un lieu pavé de dalles de pierre ou de carreaux et entouré de murailles, dans lequel on jouait à la courte paume (avec la raquette ou le battoir). La salle formait en général un carré long, aux murailles peintes en noir le plus souvent. Beaucoup de jeux de paume étaient à ciel ouvert ; mais il y en avait de couverts (1) qu'on transformait aisément en salles de spectacle, quand besoin était. La plupart des villes n'avaient pas alors de théâtre à elles (2), et le maître du tripot (appelé aussi *tripotier, paumier)* louait sa salle aux comédiens de passage. Quelques tonneaux, quelques planches, quelques toiles peintes apportées par les comédiens, et l'on avait une scène et des décors (3). C'est ainsi que le terme de *tripot* fut pris souvent comme synonyme de théâtre ; Voltaire en use à chaque instant, dans sa Correspondance, pour désigner familièrement la Comédie Française.

Scarron a esquissé en dix lignes la physionomie d'un tripot au milieu du xviie siècle : « Dans toutes les villes subalternes du royaume il y a d'ordinaire un tripot où s'assemblent tous les jours les fainéants de la ville, les uns pour jouer, les autres pour regarder ceux qui jouent. C'est là qu'on rime richement en Dieu, que l'on épargne fort peu le prochain, et que les absents sont assassinés à coups de langue. On n'y fait quartier à personne, tout le monde y vit de Turc à Maure, et chacun y est reçu pour railler selon le talent qu'il en a eu du Seigneur... »

Comme les comédiens de Scarron, les nôtres descendirent au tripot : celui de Bourg paraît avoir été, comme celui du Mans, situé près des Halles. Un vieux plan de Bourg, antérieur à la Révolution (4), désigne le prolongement de la rue Samaritaine sous le nom de rue du Jeu de paume. C'est là, actuel-

(1) Dictionnaire de l'Académie, art, *tripot, paume, jeu de paume*, etc.

(2) Celui de Bourg ne fut commencé qu'en 1776.

(3) On peut même induire du récit de Scarron que certains tripots avaient un étage consacré aux divertissements dramatiques, le rez-de-chaussée demeurant aux joueurs de paume.

(4) Plan manuscrit, aux archives de la ville. Ce n'est pas celui de Lalande.

3

lement rue Cropet, sur les derrières de l'hôtel de Choin, que je crois pouvoir placer le tripot de Bourg.

Le maître de l'établissement était ce Jacques Aynard que nous avons vu nommé par la *garde* des Halles au conseil des Soixante, tandis qu'un de ses parents était élu dans une autre *garde*. Le paumier possédait certainement dans son quartier une certaine influence; son métier était lucratif. Pour la considération, elle devait être médiocre, les gens de cette profession étant en rapports continuels soit avec les jeunes gens oisifs et débauchés de la ville, soit avec les comédiens de passage, et ayant un penchant naturel à favoriser les désordres des uns et des autres, pour en tirer profit.

Le comte de Montrevel, qui avait mandé la troupe de La Motte, fixa lui-même, avec Aynard, le prix de la location du tripot. Il prenait ainsi les comédiens « sous sa protection, » ce sont les propres termes dont il se servit plus tard. On put les considérer comme étant, pour le temps de leur séjour, attachés à sa maison. Les grands seigneurs d'alors, les gouverneurs surtout, retenus loin des plaisirs de la Cour, entretenaient volontiers une troupe de comédiens, qui les accompagnait quand ils visitaient leur province. La troupe de Molière, vers 1657, appartenait au prince de Conti, gouverneur de Languedoc, et jouait par son ordre devant les États provinciaux réunis à Pézenas. Le duc d'Épernon avait aussi des comédiens à lui, Scarron nous l'apprend : « Notre troupe est aussi complète que celle du prince d'Orange ou de son altesse d'Épernon, » dit un de ses personnages. Le duc n'avait-il pas encore engagé cette troupe quand il vint à Bourg, ou n'avait-il pas jugé à propos de l'emmener à sa suite, à l'extrémité de la province, dans une ville de six mille âmes, pour un court voyage?

*
* *

On pourrait se demander, si l'on voulait s'amuser au jeu des conjectures, quelles pièces furent représentées dans le

tripot d'Aynard : des vieilleries probablement, des *pastorales*,
des tragédies surannées où les nourrices, auprès des héroïnes,
n'avaient pas encore fait place aux confidentes. Une pièce
mettait longtemps alors pour passer de la capitale à la province; à cent lieues de Paris, Hardy, Tristan, Mairet étaient
plus connus que Corneille. Dans le *Roman comique*, c'est la
Marianne de Tristan que Destin et ses compagnons jouent, au
pied levé, devant les bourgeois du Mans. Au reste, quel qu'ait
pu être leur répertoire, La Motte et ses comédiens paraissent
avoir eu peu de succès. J'imagine que, si les représentations
données devant d'Epernon, Montrevel et l'intendant furent
fructueuses, les suivantes le furent bien peu (les temps étaient
durs), car au commencement de novembre La Motte ne pouvait payer à Aynard le prix de sa location. Il était en retard de
quarante et quelques livres (1) et, pressé d'aller chercher for
tune ailleurs, commençait à « desbagager. »

Ce départ irrégulier ne faisait pas le compte d'Aynard.
Scarron nous dit que sa tripotière aimait la comédie plus que
sermon ni vêpres, mais il se hâte d'ajouter que la générosité
n'était pas son péché d'habitude. Tel je me représente notre
paumier. Peut-être eût il été moins pressant envers un débi-
teur du pays; mais il avait affaire à des personnes « non domi-
ciliées et vagabondes, contre lesquelles il n'aurait plus tard
aucune ressource (2). » Il voyait les comédiens presser leurs
préparatifs de fuite, sans faire droit à ses réclamations. « Son
debt périclitait; » il eut recours à la justice.

Le 2 novembre, à huit heures du matin, — bien que ce fût
jour férié, bien qu'à ce moment même l'assemblée générale
fût réunie pour le renouvellement du corps municipal, —
— Aynard se présenta devant le lieutenant-général civil du

(1) Plus de 160 fr. de nos jours.
(2) Registre du présidial.

bailliage, Jean-Claude Charbonier, et lui demanda l'autorisation de saisir « les effets » des comédiens.

Charbonier, à cette heure matinale (1), présidait l'Assemblée générale à l'Hôtel-de-Ville (le registre municipal constate sa présence). C'est là qu'il fut abordé par le paumier, trop inquiet de ses quarante livres pour se préoccuper autrement de l'élection.

Le droit d'Aynard n'était pas douteux. Le lieutenant-général civil accueillit sa requête et lui délivra une ordonnance de saisie que notre homme porta aussitôt aux sergents du Présidial, sergents à verge, chargés des exécutions *réelles* (2). Mais les sergents refusèrent de marcher, sous prétexte que c'était jour férié.

Cette raison était-elle la bonne? on en peut douter : *sous prétexte*, dit le procès-verbal rédigé par Charbonier lui-même. Au fond, les sergents se souciaient peu de voir de trop près les rapières des comédiens, moins encore d'irriter le comte de Montrevel, protecteur de la troupe. L'intérêt que Ferdinand de la Baume portait aux acteurs n'était un mystère pour personne; s'en prendre aux comédiens, c'était s'en prendre à lui-même. Or, il y avait péril à affronter la colère du lieutenant de roi, un terrible homme, disent nos histoires (3). Ignorait-on, d'ailleurs, les rancunes de Montrevel contre le Présidial? Les magistrats persistaient à lui refuser des honneurs auxquels il prétendait; ils lui contestaient le droit de juger en dernier ressort dans ses terres (4) : ils plaidaient sans cesse contre lui devant le Conseil

(1) Matinale pour nous, mais non pour les magistrats d'alors; ils siégeaient, en hiver, de 8 à 10 heures du matin; en été, à partir de 7 heures. (Registre du présidial, délibération du 14 décembre 1632).

(2) C'est-à-dire des saisies, mais non des contraintes par corps.

(3) Voir dans cette livraison même ce que rapporte M. Jarrin de sa querelle avec les syndics du Tiers-Etat.

(4) Procès du Présidial contre les seigneurs hauts-justiciers. Le procès

d'Etat. Toutes ces causes locales, peut-être même des anti-
pathies politiques (on sortait de la Fronde) avivaient le vieil
antagonisme de la robe et de l'épée. Les sergents du Présidial,
assurés d'un étrange accueil, se saisirent du premier prétexte
venu pour refuser leur concours.

Toute la matinée se passa, pour le pauvre Aynard, en démarches inutiles : et cependant les comédiens « desbaga-
geaient » en toute hâte. Il était midi quand le paumier vint
présenter au lieutenant-général civil une seconde requête. Il
lui demandait d'autoriser l'exécution de la saisie «nonobstant
féries », et d'enjoindre au premier huissier ou sergent re-
quis d'y procéder sans délai. Charbonier y ayant consenti,
Aynard réunit trois sergents du Présidial : Bizet, Roliat (?)
et Merle, et partit avec eux pour sa chanceuse expédition.

Elle tourna mal : les comédiens résistèrent, il y eut des
coups échangés, une des comédiennes attrapa un horion dans
la lutte; bref, La Motte et ses compagnons rossèrent les sergents et le paumier. Les domestiques du comte de Montrevel
se mirent de la partie, du côté des comédiens bien entendu.

Ici, l'historien a le droit de poser une question délicate :
les coups reçus par la comédienne ne contribuèrent ils pas,
autant que tout le reste, à exciter chez Ferdinand de la
Baume la fureur dont nous allons voir les suites ? Remarquez
que ce sera tout à l'heure contre le pauvre Bizet son princi-
pal grief. « Cherchez la femme, » disait un juge philosophe.
Ici, nous la trouvons, mais la réserve du procès-verbal rédigé par un grave magistrat nous la dérobe presque aussitôt.
Non, l'antipathie du lieutenant de roi contre le Présidial,
l'orgueil blessé du grand seigneur ne suffisent pas à motiver
ces sauvages emportements. Le goût de l'art dramatique, si

dura cent cinquante ans. — Voir, au registre du Présidial, les nombreuses délibérations qui s'y rapportent.

vif qu'il ait pu être chez Montrevel et qu'il soit resté chez ses descendants (1), ne suffit pas davantage à expliquer l'impérieuse sollicitude dont il entoure La Motte et les siens. Parmi les comédiennes de la troupe, il existait, j'imagine, comme dans le roman de Scarron, quelque mademoiselle de l'Étoile, dont les beaux yeux auront ensorcelé le rude soldat. Il avait 48 ans, l'âge des dernières passions, les plus cuisantes.

*
* *

Nous avons laissé Aynard et les sergents fuyant devant les gens de Montrevel. Il était environ deux heures, le lieutenant-général civil était rentré chez lui, quand il vit arriver le pauvre Bizet, « le visage ensanglanté et ailleurs, » demandant justice à grands cris. On devine l'émotion du magistrat en apprenant un outrage qui atteignait le tribunal tout entier ; il sut pourtant se contenir et, ne voulant instrumenter contre les rebelles que sur une procédure régulière, il envoya le sergent mettre sa plainte par écrit. Presque immédiatement, Aynard se présente éperdu, suppliant : « Les domestiques de M. de Montrevel le cherchent partout pour l'assommer, indignés de ce qu'il s'est pourvu en justice pour être payé des comédiens...... » Charbonier lui promet justice.

Les incidents se pressent; un troisième personnage est introduit ; c'est un gentilhomme de M. de Montrevel, nommé Izenave : « M. le comte désire que Charbonier aille lui parler. » Le motif de l'entrevue n'est pas indiqué, mais il se présume aisément. Charbonier ne fait aucune difficulté de se rendre à l'hôtel de la Baume; en chemin, il trouve le comte lui-même qui, impatient de colère, n'avait pu attendre

(1) Le dernier des Montrevel, Florent-Melchior de la Baume, faisait jouer la comédie et l'opéra à Challes, aux portes de Bourg, et faisait venir la Saint-Huberti pour ces fêtes. — A Mâcon, il avait construit, dans son hôtel, une belle salle de spectacle, qui est aujourd'hui celle de la ville.

son arrivée. C'est devant l'hôtel du président Bachet de Méziriat, à quelques pas du Palais de justice, qu'eut lieu la rencontre (1). Montrevel était accompagné de laquais et d'un certain nombre de comédiens, tous armés. Dès qu'il aperçoit le lieutenant-général civil : « Ce coquin de paumier, s'écrie-t-il, a fait un vacarme dont je me serais très-bien passé!... Je l'aurais bien fait payer sans qu'il se pourvût en justice!.. Mais il me le paiera! Ces comédiens sont à Bourg par mon ordre, sous ma protection pour divertir les honnêtes gens... Je ne puis souffrir qu'ils soient ainsi maltraités en ma ville.........» Puis, s'en prenant à Charbonier lui-même : « Tout cela se fait sous votre autorité! Vous auriez bien pu me prévenir avant de décréter la requête du paumier, prévenir au moins les comédiens. » — « Je ne puis, répond simplement le magistrat, refuser justice à ceux qui la demandent : j'ignore par quel ordre sont ici les comédiens, mais, s'ils doivent, il faut qu'ils payent. Je n'ai pas donné mon ordonnance pour vous fâcher, mais pour rendre à Aynard la justice qu'il demandait. Quant à la rébellion des comédiens, elle doit être suivie de châtiment. » A ce moment survient maladroitement le pauvre Aynard ; la colère du comte redouble : « Pourquoi, coquin, as-tu recouru à un autre qu'à moi pour avoir ton paiement? Je te ferai bailler cent coups de bâton! » et se tournant vers les laquais et les comédiens : « Je vous commande de bailler cent coups de bâton à ce coquin de paumier! » Le paumier détale, laquais et comédiens lui donnent la chasse : avant que Charbonier ait pu s'entremettre, voici que le sergent Bizet, aussi mal avisé qu'Aynard (les pauvres diables, traqués par la valetaille, s'imaginaient sans doute trouver sûreté aux côtés du magistrat), arrive avec sa figure ensanglantée. « Tu

(1) La maison Bachet, qui ouvrait sur la rue du Palais, occupait le terrain qui forme aujourd'hui la *Place du Palais*; v plan de Lalande. — J'ignore où était la maison de Charbonier.

es un maraud, lui crie le comte; tu n'en n'as pas eu assez , tu me le paieras; la commission ne portait pas de frapper une des comédiennes, comme tu l'as fait ! mais tu ne le porteras pas loin ! » Bizet nie avoir frappé la comédienne, ni personne; Charbonier remontre respectueusement au comte « qu'il ne doit pas user de voies de fait ; » le procureur du roi, Charles-Emmanuel Porcet, prévenu du tumulte, accourt et joint ses représentations à celles du lieutenant-général civil ; peine perdue ! « Les canailles m'ont fâché, répète Montrevel en parlant du paumier et du sergent : ils ne pourront éviter un mauvais parti ! »

En cet instant, Charbonier entend s'élever un grand bruit devant son hôtel (qui devait par conséquent n'être pas éloigné de là); il voit briller « force épées nues. » Il y court intrépidement, suivi de Porcet et du comte : c'étaient les comédiens qui exécutaient sur Aynard les ordres de Montrevel ; soutenus par douze ou quinze domestiques du comte, leur épée à la main, ils avaient poursuivi le paumier jusqu'au logis de Charbonier, où le malheureux espérait trouver un refuge : ils y étaient entrés après lui, et l'assassinaient. Charbonier, toujours suivi de Porcet et du comte, parvient à pénétrer dans sa maison et y trouve deux des comédiens, Arranville et Mérard, acharnés après la victime (ces deux bandits paraissent avoir seuls franchi le seuil de l'hôtel, laissant les gens de Montrevel à l'entrée). Aynard, accablé de coups d'épée et de bâton, gisait, couvert de sang, « comme mort sur la place. »

Le cas était complet : il y avait rébellion contre les agents du Présidial, assassinat, violation de domicile, insulte personnelle à un magistrat. Charbonier et Porcet somment le comte de souffrir que la justice ait son cours, ordonnent de fermer les portes et prennent des mesures pour faire conduire les deux malfaiteurs en prison. Montrevel dut être embarrassé, hésiter peut-être. Il sentait la gravité du crime commis ; mais la passion l'emporte; il s'oppose à l'arrestation des comédiens.

Toutefois, pour donner aux magistrats une manière de satisfaction et passer sur quelqu'un sa mauvaise humeur, il ramasse un bâton et rosse Arranville (avec indulgence, semble-t-il; « quelques coups de bâton,» dit le procès-verbal). Puis, il enjoint aux deux drôles de se jeter aux pieds des magistrats et de leur crier merci. Il se trompait s'il croyait arranger l'affaire par ce châtiment dérisoire ; Charbonier et Porcet insistent pour qu'on mène en prison les assassins : « Il faut que justice se fasse d'une si grande insulte; nous ne voulons recevoir aucune satisfaction de pareille sorte, de gens dont l'insolence regarde l'intérêt de la justice plus que le nôtre. » Montrevel s'entête : « Je suis fermement résolu à ne point souffrir que *mes gens* soient conduits dans les prisons.»

Durant cette discussion, les domestiques de Montrevel étaient toujours à la porte, l'épée en main. Leur nombre s'était même accru, ils étaient une vingtaine. Ignorant ce qui se passait à l'intérieur du logis, ne voyant pas sortir leur maître, ils se mettent à enfoncer la porte ; quelques-uns gagnent les derrières de l'hôtel et commencent à escalader le mur d'une cour. Charbonier et Porcet n'étaient pas en état de soutenir un siége ; devant l'obstination du comte et l'invasion armée de ses gens, ils n'avaient qu'à céder, en fait , sinon en droit. « Nous fûmes contraints de céder à la force , avoue le procès-verbal de Charbonier, et de dire au sieur comte qu'il fit ce qui lui plairait. »

Ils ne savaient pas encore tout : pendant que l'hôtel du lieutenant-général civil était le théâtre de ces violences, une scène de pillage se passait à l'autre extrémité de la ville. Un certain Molinet, « soi disant gentilhomme du marquis de Saint-Martin (1), » fils aîné de M. de Montrevel, avait réuni

(1) Il ne peut être question ici du frère de Ferdinand de la Baume, (il était alors aux Pays-Bas), mais du fils aîné de Ferdinand, Charles-

4

une douzaine de domestiques du marquis et les avait conduits au logis d'Aynard, c'est-à-dire au tripot. Là, ils avaient
demandé le paumier à grands cris, « pour l'assassiner, » di
saient-ils, et ne rencontrant que sa femme, avaient saccagé
l'établissement, brisant portes, fenêtres, meubles, usten-
siles. La tripotière s'enfuit et accourut tout en pleurs,
criant miséricorde, à l'hôtel du lieutenant-général civil........
Elle tombait bien ! elle trouvait Charbonier et Porcet pris
d'assaut eux-mêmes, contraints de renoncer à faire justice :
elle apercevait son mari gisant dans la salle. Montrevel ne
s'émut pas de ses lamentations ; il lui répondit superbement,
sans doute en haussant les épaules, « qu'il n'y avait pas tant
de mal. »

Une telle parole disait tout : plaignants et juges n'avaient
plus qu'à baisser la tête. Les assassins se retirèrent tran-
quillement, « sous la faveur du comte. » Quant au malheureux paumier, on fit venir un prêtre pour le confesser
et des chirurgiens pour visiter ses plaies. Après quoi, six
hommes l'emportèrent dans un linceul, hors de l'hôtel du
lieutenant-général civil (1). L'histoire ne dit pas s'il survécut
à ses blessures, ni si les comédiens, avant de partir,
payèrent les quarante livres pour lesquelles il avait couru
tant de dangers.

Pendant cette même après-midi, vers les quatre heures,
les Syndics et les Douze, réunis à l'Hôtel-de-Ville, mettaient à
l'enchère les revenus de la ville, le *commun de Mars* appelé
le *trézain du vin* qui se vend à petites mesures, et le double-
ment de ce droit, destiné à l'achèvement de l'église Notre-
Dame (2).

François de la Baume, marquis de Saint-Martin, comte de Brancion,
l'ancien volontaire de Condé.

(1) Reg. du Présidial.

(2) Reg. municipal.

.*.

Les comédiens, soustraits par M. de Montrevel à la justice du Présidial, durent quitter Bourg sans délai; leurs paquets étaient faits dès le matin du 2 novembre. Ils se dirigèrent probablement sur Lyon.

De son côté, le lieutenant-général civil Charbonier était résolu à venger l'affront du tribunal. Le 3 novembre, le lendemain de l'attentat, il rédigea lui-même un procès-verbal des scènes de violence auxquelles il avait assisté. Puis il fit demander au sergent Bizet un autre procès-verbal relatant la rébellion des comédiens contre les sergents et les huissiers, au moment où ceux-ci avaient voulu saisir leurs effets. Je présume que Bizet était encore trop meurtri pour sortir, car ce fut sa femme qui apporta la pièce. Alors Charbonier, à la requête du procureur du roi Emmanuel Porcet, témoin comme lui des méfaits autorisés par Ferdinand de la Baume, commença les informations régulières et décréta prise de corps contre la Motte et Arranville. (Le premier avait repoussé par la force la saisie ordonnée par le magistrat, le second avait poursuivi et assassiné le paumier Aynard dans l'hôtel même du lieutenant-général civil). Ces formalités de procédure prirent plusieurs jours.

.*.

Inquiet de ce qui se préparait, Ferdinand de la Baume fit appeler Porcet. Le lieutenant de roi espérait encore terminer cette affaire, dont les suites pouvaient être désagréables, par un arrangement amiable à sa façon. Résolu à ne rien céder sur le fond, il pensait que quelques paroles de regret désarmeraient les magistrats. Il fit à Porcet un accueil honnête et « le chargea expressement de témoigner de sa part à la Compagnie qu'il avait du déplaisir de ladite action et qu'il désirait en rendre toutes les civilités possibles. » Le procureur du roi lui répondit avec fermeté : « La plus grande civilité que vous puissiez rendre à la Compagnie en cette rencontre et en toutes autres, c'est de laisser la liberté entière à la justice.... Je vous fais cette prière par avance, tant de mon chef qu'au nom de toute la Compagnie, sans crainte d'être désavoué. » Puis il revint sur les événements de la veille et s'appliqua à en faire ressortir la gravité, en appuyant sur les circonstances principales. Montrevel se déclara fort surpris de cette insistance et interrompit plusieurs fois son interlocuteur par des exclamations; Porcet conclut ainsi : « Je vous prie notamment de croire que, si votre présence et votre autorité n'avaient lié les mains au lieutenant général et à moi, les deux comédiens qui ont été surpris en flagrant délit auraient été sans doute traînés en prison, et de là peut-être, trois jours après, pendus dans la place publique ! » Ces mots rallumèrent la colère du comte; il « se retira en arrière, » en criant hautement par trois fois : « Pendus! pendus!. pendus! » Porcet ne se troubla point; avec tout le respect et toute la fermeté qui lui étaient possibles, il répartit : « Je ne puis revenir de ce sentiment; les lois et les ordonnances sont mes garants. » Montrevel parut se calmer, mais persista dans sa résolution d'entraver le cours de la justice; il pria le procureur du roi, « avec des paroles assez pressantes, » de témoigner ses intentions à la Compagnie, demandant qu'elle lui fît connaître bientôt les siennes. Comme il insistait toujours sur ses *civilités* (la seule satisfaction qu'il consentît à offrir), Porcet, qui n'estimait pas qu'elles pussent « bien convenir avec la justice, » lui dit de nouveau : « La Compagnie n'a rien tant à cœur que le bien de la justice, et sans doute elle vous priera, comme je le fais par anticipation, de la vouloir appuyer. » Puis il se retira.

De nouveaux pourparlers eurent lieu entre le procureur du roi et le comte; ils n'aboutirent à rien.

*
* *

On arriva ainsi au 13 novembre; dix jours s'étaient écoulés

depuis que Charbonier et Porcet avaient commencé leurs informations et leurs poursuites, mais la mauvaise volonté de Montrevel paralysait leurs efforts. Fallait-il abandonner l'affaire? Fallait-il persister? Il devenait urgent de soumettre la question au Présidial réuni, ne fût-ce que pour lui transmettre les *civilités* du lieutenant de roi, mais surtout pour se fortifier de son adhésion, dont les deux magistrats, on l'a vu, n'avaient pas douté un instant.

Le Présidial se rassembla donc le 13 novembre dans la chambre du Conseil, et le procureur du roi rendit compte de son entrevue avec Montrevel. Il insista, dans son récit, sur la confiance qu'il avait témoignée de n'être pas désavoué par la Compagnie, faisant ainsi un pressant appel à l'esprit de corps des magistrats. Quand il eut terminé, la Compagnie exprima le désir de connaître le détail des violences commises, et Charbonier lut son procès-verbal du 3 novembre. Il finit en rappelant sommairement les informations commencées à la requête de Porcet et la prise de corps décrétée contre les deux principaux coupables.

Aussitôt on alla aux opinions et l'assemblée décida « qu'il serait passé outre à l'entière instruction du procès-criminel contre les comédiens; que la prise de corps contre eux décernée serait exécutée par vertu de *pareatis* (1), à Lyon et partout ailleurs. » Le difficile était de faire agréer cette résolution à Ferdinand de la Baume. Il fut convenu que le président Bachet de Méziriat, le lieutenant-particulier civil Renibert et le procureur du roi iraient trouver le comte au nom de la Compagnie et le prieraient « de trouver bon que la justice se fît d'une action si noire, et d'en vouloir appuyer les poursuites de son autorité. » Ainsi, ce n'était plus un magistrat ou deux,

<hr>

(1) Lettres par lesquelles il était mandé au premier huissier ou sergent d'exécuter l'arrêt ou la sentence de quelques juges dans une province où ces juges n'avaient aucune juridiction; sorte de *commission rogatoire*.

mais le Présidial tout entier qui, avouant l'attitude de Charbonier et les assurances de Porcet, revendiquait auprès de Montrevel le libre exercice de la justice.

* *
*

La fermeté du tribunal n'excluait pas certains ménagements; ainsi, Charbonier ne fit pas partie de la députation; on craignit peut-être de mettre en présence du comte un magistrat qui lui avait si intrépidement tenu tête dans la journée du 2 novembre et qui, depuis, avait commencé et pressé les poursuites. Porcet, il est vrai, était un des trois députés; mais, outre que ce personnage n'était survenu, dans les scènes du 2 novembre, que vers la fin, pour n'en être que le témoin impuissant, il semble qu'il n'était point mal vu de M ntrevel, puisque celui-ci l'avait pris pour son intermédiaire auprès de la Compagnie. Les autres députés étaient bien choisis, tant comme représentants naturels du tribunal que comme gens d'humeur modérée, en bons rapports avec le lieutenant de roi. Nous verrons tout-à-l'heure l'attitude plus que conciliante du président Bachet; quant à Renibert, il était vieux, il siégeait depuis quarante-six ans, il avait trop vu de choses pour s'étonner et s'indigner encore; le 14 novembre, au plus fort de la querelle, il s'en va à la campagne.

Remarquons aussi la modestie des réclamations; en réalité, les poursuites auraient dû porter sur deux chefs : 1° la révolte des comédiens contre les agents du Présidial (procès-verbal de Bizet); 2° l'insulte faite personnellement au lieutenant-général civil, la violation de son domicile, l'assassinat d'un homme dans sa maison (procès-verbal de Charbonier). Montrevel avait autorisé par sa présence, et même par ses ordres, une partie de ces outrages : il n'est nullement question de porter plainte contre lui. Les domestiques du comte avaient pris part à ces deux actes de rébellion : ils ne sont pas compris dans les poursuites; loin de là, on convie Montrevel à

s'associer aux démarches de la Compagnie, « à les appuyer de
son autorité. » Comment lui faire mieux comprendre qu'on
le mettait hors de cause, que les comédiens seuls paieraient
pour tous, que le tribunal n'était dirigé en tout ceci par aucune animosité particulière, mais par le seul souci de sa
dignité?

Autre observation : le premier chef de l'accusation semble
à peu près abandonné; le procès-verbal de Bizet n'est ni lu à
la Compagnie, ni transcrit sur les registres; il n'en est plus
parlé. Le comte a prétendu que, les comédiens étant sous sa
protection, Aynard aurait dû lui présenter sa requête, au lieu
de s'adresser à la justice; que l'on n'avait pas le droit de saisir
les effets de la troupe; que cette saisie, du reste, avait été
accompagnée de violences; soit, on se taira là-dessus; le
dommage éprouvé par le paumier, les coups reçus par les
sergents et les huissiers, les ordres du magistrat méconnus,
tout sera oublié; le tribunal ne retient que le second chef,
qui intéresse directement sa dignité : la maison du lieutenant-
général civil a été envahie à main armée et ensanglantée par
un meurtre; il importe au respect de la justice (que le lieutenant de roi par sa position, par son devoir, est appelé à
défendre) que satisfaction soit donnée de cet outrage; c'est
une question de principe, dans laquelle le comte ne peut que
s'associer aux sentiments de la Compagnie; cela lui est d'autant plus aisé, que ses domestiques ne paraissent pas avoir
eux-mêmes envahi l'hôtel.

Rien n'était donc plus conciliant, en apparence, que le
cours donné à la discussion; mais au fond (et Ferdinand de la
Baume le sentait bien) il y avait entre les comédiens et lui
une solidarité trop étroite pour que toute condamnation pro-
noncée contre eux ne l'atteignît pas moralement. Consentir
à leur punition, sur quelque point qu'elle portât, c'était
s'avouer lui-même coupable, plier devant la justice, s'infliger
une cruelle humiliation. On comprend — sans l'excuser —
l'entêtement qu'il porta dans cette affaire.

La délibération du 13 novembre est signée par tous les membres du Présidial, sauf trois : le lieutenant-particulier assesseur criminel Claude Uchard, les conseillers Armet et Regnaud. Refusèrent-ils d'y souscrire ou étaient-ils absents? Cette dernière hypothèse doit être vraie pour Regnaud; entre le 14 décembre 1651 et le 1er septembre 1655, son nom ne figure au bas d'aucune délibération. Quant à Uchard et Armet, protestants tous deux, ils ont signé au registre le 15 octobre 1652, ils signent encore le 4 décembre. Les seules délibérations inscrites entre ces deux dates sont relatives à notre affaire des comédiens et leur nom y manque, sans que rien n'indique si ce fut absence fortuite ou abstention volontaire.

*
* *

Le même jour, 13 novembre, les députés du Présidial, Bachet de Méziriat et Porcet, se rendirent auprès du lieutenant de roi. Renibert ne se joignit pas à eux, « n'étant en ville. » Le bonhomme craignait-il une entrevue avec l'irascible seigneur, et crût-il à propos d'aller faire un tour à sa maison des champs? On peut le supposer, sinon comment expliquer qu'ayant assisté à la délibération du 13 novembre, l'ayant signée, il ne se soit pas trouvé là, le même jour, pour s'acquitter de la mission confiée par ses collègues? — Le président porta la parole en ces termes : « Monsieur, la Compagnie vous vient prier de trouver bon que justice soit faite de la violence commise par les comédiens dans la maison de M. le lieutenant-général, vous assurant qu'elle conservera toujours les sentiments de respect qu'elle a eus par le passé pour vous et obéissance pour le service du roi. » Ce n'était point ce qu'espérait Montrevel; il répondit avec vivacité : « Messieurs, je me disposais à vous faire des remercîments, mais puisque votre députation est toute contraire aux civilités que j'attendais de votre Compagnie, vous lui direz que je perdrai mille vies, celles de mes enfants et de tous mes amis, plutôt que de souffrir que les comédiens reçoivent aucun déplaisir. »- A cette réponse, qui respire tout l'orgueil féodal, le président Bachet répliqua par un trait amer, en rappelant au comte pour quelles personnes il se compromettait; il lui demanda « si l'intérêt de semblables gens de néant lui était plus cher que celui de la justice et la satisfaction du public? » Montrevel répartit : « L'affaire n'est plus celle des comédiens, mais la mienne propre, et la Compagnie verra que je porterai l'affaire jusqu'où ma naissance, ma charge et le temps me pourront permettre. »

La réponse était nette et habile. En rejetant les comédiens à l'arrière-plan, en ne parlant plus que de sa fierté offensée, Montrevel se dégageait d'une solidarité fâcheuse, qui pouvait donner à son rôle dans la querelle une apparence de ridicule; il continuait à avoir tort, mais son tort, cette fois, était avouable.

Des deux côtés, du reste, le débat se simplifie. Le Présidial avait abandonné Aynard, Bizet, les sergents, les huissiers, pour ne s'attacher qu'à l'insulte faite au lieutenant-général civil, qui rejaillissait sur le corps tout entier; Montrevel, à son tour, sacrifie les comédiens (ils étaient loin déjà, sa sollicitude pour eux n'avait pas survécu à leur départ); ce n'est plus pour lui qu'une affaire d'amour-propre, de prérogative personnelle; de part et d'autre, l'esprit de corps est en présence; orgueil contre orgueil, la robe contre l'épée.

*
* *

Dans ces termes, la lutte n'était pas possible. Au lendemain de la Fronde, après quatre années de troubles qui avaient affaibli partout le respect des lois et l'obéissance au prince, comment obtenir justice par des voies régulières? En s'adressant au roi, à peine rétabli dans sa capitale? Il avait bien d'autres soucis à cette heure! Et contre qui? Contre un grand seigneur que la Cour avait encore intérêt à ménager, qui pou-

5

vait d'autant plus oser qu'il avait été plus fidèle! Persister simplement dans les poursuites commencées? Qui pouvait répondre des extrémités auxquelles se porterait le comte, dont on connaissait l'esprit sans frein?

Le Présidial sentait son impuissance : aussi le lendemain, 14 novembre, quand le président et le procureur du roi vinrent, dans la chambre du Conseil, rendre compte de leur députation, la crainte prévalut sur le ressentiment; on céda. « La compagnie, ayant considéré l'importance des menaces dudit sieur, la suite qu'elles pourraient avoir en la conjoncture du temps présent, a délibéré que ledit procureur du roi surseoirait la poursuite de l'affaire dont s'agit, et que les verbaux et informations seraient rapportés dans les archives de ladite chambre. » Une pareille résolution, semble-t-il, devait tout terminer? Non; le Présidial pliait, mais de mauvaise grâce, et voulait au moins constater la violence qui lui était faite; voyez la suite de la délibération : « Néanmoins, afin que ledit sieur (de Montrevel) et le public connussent que cette résolution avait été prise plutôt par un conseil de prudence que de lâcheté, et pour éviter quelque plus grand désordre et confusion à la justice même (il a été délibéré) que les sieurs président, Renibert, Rossan et procureur du roi retourneraient vers ledit sieur et lui porteraient ces mêmes paroles : « Monsieur, la Compagnie ne s'était jamais pu persuader que l'autorité que le roi vous a mise en main pour appuyer la justice lui dût un jour servir d'obstacle, ni que vous eussiez en plus d'estime des comédiens infâmes et gens de néant que le bien de la justice et la satisfaction du public. Toutefois, puisque vous témoignâtes hier si hautement et avec des termes si pressants que vous faisiez de leur affaire votre propre intérêt, elle vous vient assurer que c'est avec un sensible déplaisir qu'elle se voit *à présent* contrainte de céder à votre autorité et à la force. »

Les termes de cette capitulation n'étaient pas de nature à

laisser Montrevel sans inquiétude. Pesez toutes les expressions : les magistrats n'abandonnaient pas l'affaire, ils se bornaient à y surseoir; ils n'anéantissaient pas les pièces de la procédure, ils les déposaient dans leurs archives; ils cédaient, mais « *à présent* » seulement, et en se réservant l'avenir; ils prenaient acte des menaces formelles du comte; ils ne motivaient leur retraite que sur des raisons majeures d'ordre public; leur dernier mot était un sarcasme poignant contre l'intérêt inexplicable porté par Montrevel aux comédiens, et une dernière protestation contre la violence qu'il leur fallait subir.

On devine l'accueil que Ferdinand de la Baume fit à la députation qui, le jour même, lui apporta les résultats de la délibération. Les quatre députés étaient, comme on l'a vu, le président Bachet, le lieutenant-particulier civil Renibert, qui ne paraît pas, cette fois, s'être soustrait au périlleux honneur qui lui incombait, un simple conseiller, François Rossan, et le procureur du roi Emmanuel Porcel. Dès que Bachet eut récité au comte, mot pour mot, le compliment que l'on connaît, celui-ci s'expliqua avec une impérieuse netteté : « Ce discours me surprend.... je n'ai jamais entendu employer mon autorité contre la justice; j'ai seulement demandé que par égard pour moi, par *civilité*, on fît remise aux comédiens de leur faute, *faute légère* : je demande, avec de nouvelles et plus vives instances, que la Compagnie s'assemble encore une fois pour m'accorder cette grâce, que l'on assoupisse entièrement cette affaire..... Au reste je me sens fort choqué des paroles qu'on m'a dites. J'attendrai la résolution de la Compagnie avant de partir pour Dôle....... »

Qu'allait faire à Dôle, ville espagnole, le lieutenant de roi ? N'étions-nous pas alors en pleine guerre avec l'Espagne? Mais il faut se souvenir que la Franche-Comté, dans notre lutte contre la maison d'Autriche, avait obtenu un traité de neutralité, souvent violé, souvent aussi renouvelé. La dernière convention, conclue par l'entremise du poète Mairet, en 1651, était trop récente pour n'être pas encore en vigueur. On voit que Ferdinand de la Baume en profitait, j'ignore dans quel dessein. Etait-ce pour une entrevue avec son frère qui, possesseur de fiefs en Franche-Comté, commandait un régiment comtois au service de l'Espagne et se trouvait peut-être à Dôle en 1652 (il en fut gouverneur en 1658)? Ne peut-on supposer qu'ayant lui-même des domaines en Franche-Comté (1) Ferdinand de la Baume était appelé à Dôle par ses intérêts personnels, peut-être par un procès à suivre devant le parlement de cette ville? Ce qui semble assuré, c'est que ce voyage en pays espagnol n'avait rien qui pût surprendre personne, puisque le lieutenant de roi, au plus fort de sa querelle avec les magistrats, le leur annonce sans explication.

Les députés se retirèrent, sauf le président Bachet, que Montrevel retint auprès de lui, dans l'espoir de le gagner à sa cause; Renibert, Rossan et Porcel retournèrent vers la Compagnie et lui rapportèrent les paroles du comte, qu'ils consignèrent au registre avec leurs trois signatures; il manque celle de Bachet, demeuré auprès de M. de Montrevel.

Que se passa-t-il entre le lieutenant de roi et le président de Méziriat? Si les détails de la conversation nous manquent, nous en connaissons la conclusion; Montrevel lâcha le mot décisif, qui n'avait pas été prononcé devant les autres députés : il demanda « que l'on brûlât les informations et verbaux de cette affaire. » Il ne se sentait pas tranquille et ne voulait pas s'éloigner tant qu'il en resterait trace. Bachet le lui promit, comme la suite va le prouver. Faut-il voir dans cette condescendance un acte de prudence du magistrat, qui sentait qu'à céder mieux valait céder jusqu'au bout et ne pas s'obstiner dans une résistance inutile? Faut-il croire qu'il fût intimidé ou séduit? A deux siècles de distance, sur de

______

(1) Courlaoux, Vaudray, etc.

simples inductions, on ne saurait prononcer, mais on ne peut nier que Bachet ait pris avec Montrevel des engagements contraires à ceux qu'il avait avec ses collègues. On va voir comment il s'arrangea pour terminer l'affaire.

Le lendemain, 15 novembre, il vint rendre compte à la Compagnie d'abord de la députation de la veille, dont Renibert, Rossan et Porcet avaient déjà fait le récit, puis de sa conversation particulière avec le comte et du désir exprimé par celui-ci. C'était le point délicat. Brûler les procès-verbaux! abandonner des armes qui pouvaient servir un jour! Assurer au redoutable personnage, dont on connaissait l'humeur insolente, une impunité définitive! L'assemblée se récria, déclara la demande « injuste » et délibéra que les mêmes députés retourneraient encore vers le comte (c'était la troisième ambassade sans compter les entrevues en tête-à-tête) et lui parleraient en *ces termes mêmes* : « Monsieur, la Compagnie vous vient assurer de plus fort qu'elle a toujours été dans les véritables sentiments de respect pour vous, et qu'elle est résolue de les conserver ci-après, mais qu'en l'affaire des comédiens il y a faute à notre considération, la Compagnie ayant fait (en cette affaire, comme en toutes autres), tout ce qu'elle y a pu faire avec justice. »

Comparez ce compliment avec celui de la veille, et mesurez le pas que les magistrats faisaient en arrière; le 14 novembre ils cèdent, mais sur un ton amer, presque menaçant; le 15, plus de hauteur; ils n'introduisent, dans leur brève allocution, qu'un seul mot, strictement nécessaire pour sauvegarder leur dignité, et ce mot ressemble moins à une protestation qu'à une plainte : « Il y a faute à notre considération. » Et c'est tout.

Mais cette déclaration, si modeste qu'elle fût, ne pouvait satisfaire Montrevel. Que voulait-il? que les pièces de l'information fussent anéanties. Or, la réponse des magistrats, par le silence même qu'elle gardait sur ce point, par la timide.

réserve qu'elle contenait, impliquait un refus. Ce n'était pas là, vraisemblablement, ce que Bachet avait promis au comte. Aussi le pauvre président était-il fort embarrassé. Il se tira d'affaire en substituant aux paroles qui lui avaient été en quelque sorte dictées par ses collègues une phrase fort différente, où il accordait en termes très-humbles tout ce qu'ils avaient refusé. C'était trahir audacieusement la Compagnie. Une pareille usurpation, en d'autres circonstances, aurait pu coûter cher à son auteur. Mais Bachet (qui agissait peut-être à bonne intention, pour sortir à tout prix d'une querelle sans issue), avait fait sans doute un calcul plus habile que scrupuleux : Montrevel, prêt à partir pour Dôle, n'attend que la soumission complète du Présidial pour se mettre en route; l'essentiel est donc de le satisfaire, de le voir quitter Bourg. Après, la Compagnie récriminera, désavouera son mandataire, qu'importe? Montrevel absent ne pourra relever ces protestations impuissantes, le temps calmera les colères et amènera l'oubli : l'affaire tombera d'elle-même.

C'est ce qui arriva. Les quatre députés étant allés, aussitôt la délibération prise, trouver le lieutenant de roi, Bachet lui adressa, en présence de ses collègues stupéfaits et muets, les paroles suivantes : « Monsieur, la Compagnie vous vient assurer qu'elle a toujours eu des sentiments de respect pour vous *et d'obéissance*, qu'elle veut les conserver avec fidélité, *et de plus, qu'elle accorde à votre prière et considération tout ce que vous avez désiré d'elle.* »

Ferdinand de la Baume se déclara satisfait et partit aussitôt pour la Franche-Comté.

.·.

Le tour était joué. Restait à le faire agréer de ceux qui en étaient dupes. Le président revint avec ses collègues au Palais où le Présidial les attendait, et raconta simplement ce qu'il avait fait. On présume l'accueil qu'il y trouva. L'assemblée désavoua sur le champ « les dernières paroles, comme du tout contraires à ses sentiments et délibérations, n'ayant entendu d'accorder audit sieur (de Montrevel) que la sur-séance desdites poursuites. » Bachet s'excusa sans doute par des raisons plus ou moins plausibles. Les magistrats eux-mêmes étaient-ils bien fâchés de voir se terminer, par cet expédient imprévu, une querelle pleine de périls ? Les termes modérés dont use le procès-verbal envers le mandataire in-fidèle laissent penser qu'ils jugèrent leur honneur suffisam-ment couvert par un désaveu à huis-clos : « ledit sieur prési-dent ayant été prié de ne point trouver mauvais ledit désa-veu. » N'oublions pas un trait presque comique : « Il a été résolu pour l'avenir que les paroles à porter en semblables occasions seraient écrites et lues mot à mot, afin de n'y rien ajouter ni diminuer. » Bonne précaution, mais un peu tardive !

En définitive, les pièces du procès furent-elles détruites ? Non, et c'est ici que nos magistrats reprennent l'avantage : « Ensuite de la délibération ci-dessus lesdites informations ont été remises en la chambre du Conseil par le sieur lieute-nant-général. » L'intrépide Charbonier avait engagé l'action, c'est encore lui qui ferme dignement la retraite. Ce que Mon-trevel avait de plus à cœur, l'anéantissement de la procédure il ne l'a pas obtenu ; ce silence éternel dont il voulait couvrir ses violences lui a été refusé ; les pièces subsistent, incom-plètes, mais accablantes encore, et l'accusent, non plus de-vant la justice douteuse du grand roi, mais devant le tribu-nal sévère de l'histoire.